東京山手急行電鐵株式會社

株式募集

赤坂區溜池町一番地　三會堂ビル
東京山手急行電鐵株式會社創立事務所
電話青山四〇五六番

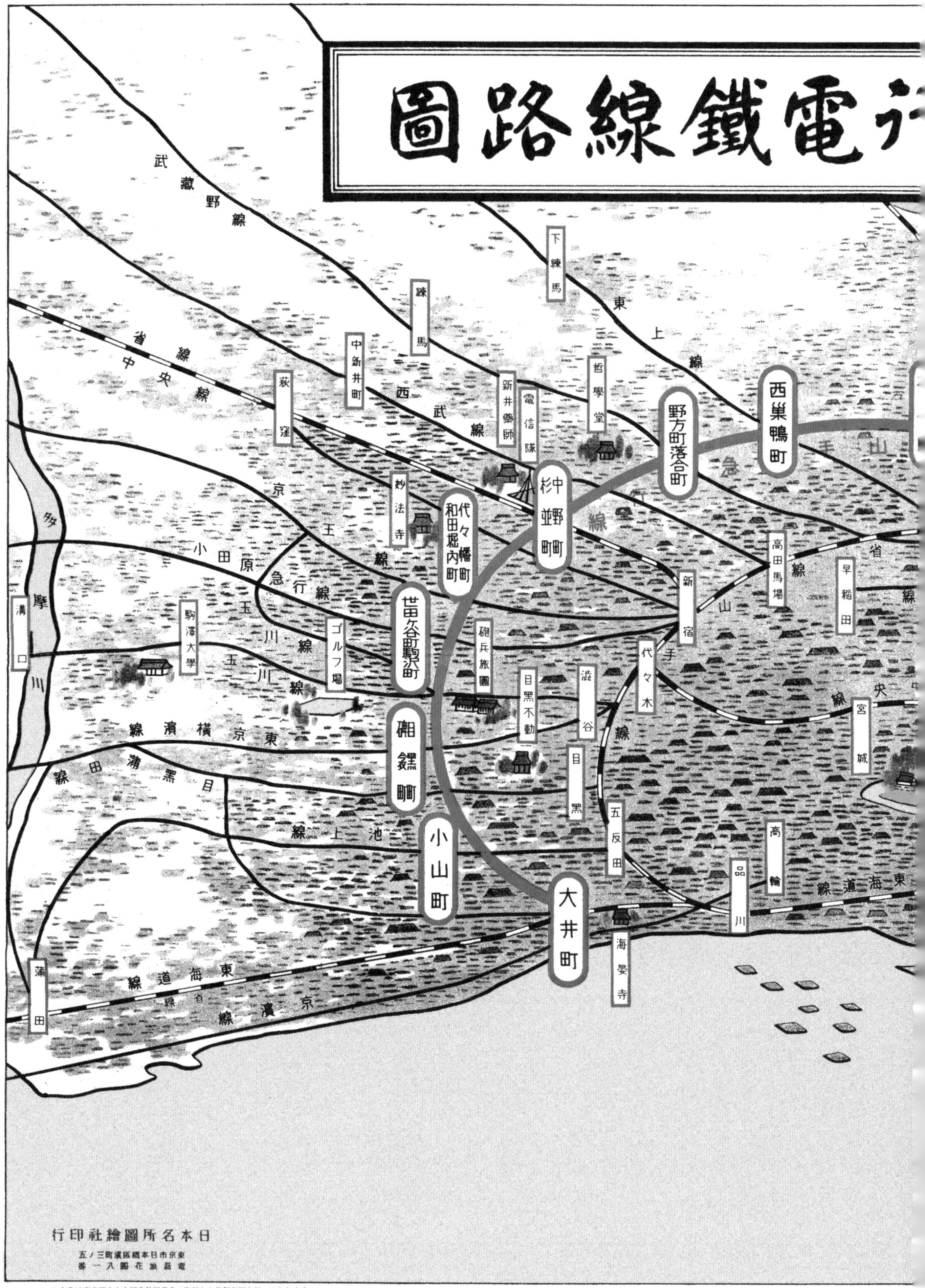

日本名所圖繪社印行
東京市日本橋區濱町三ノ五
電話浪花八一一番

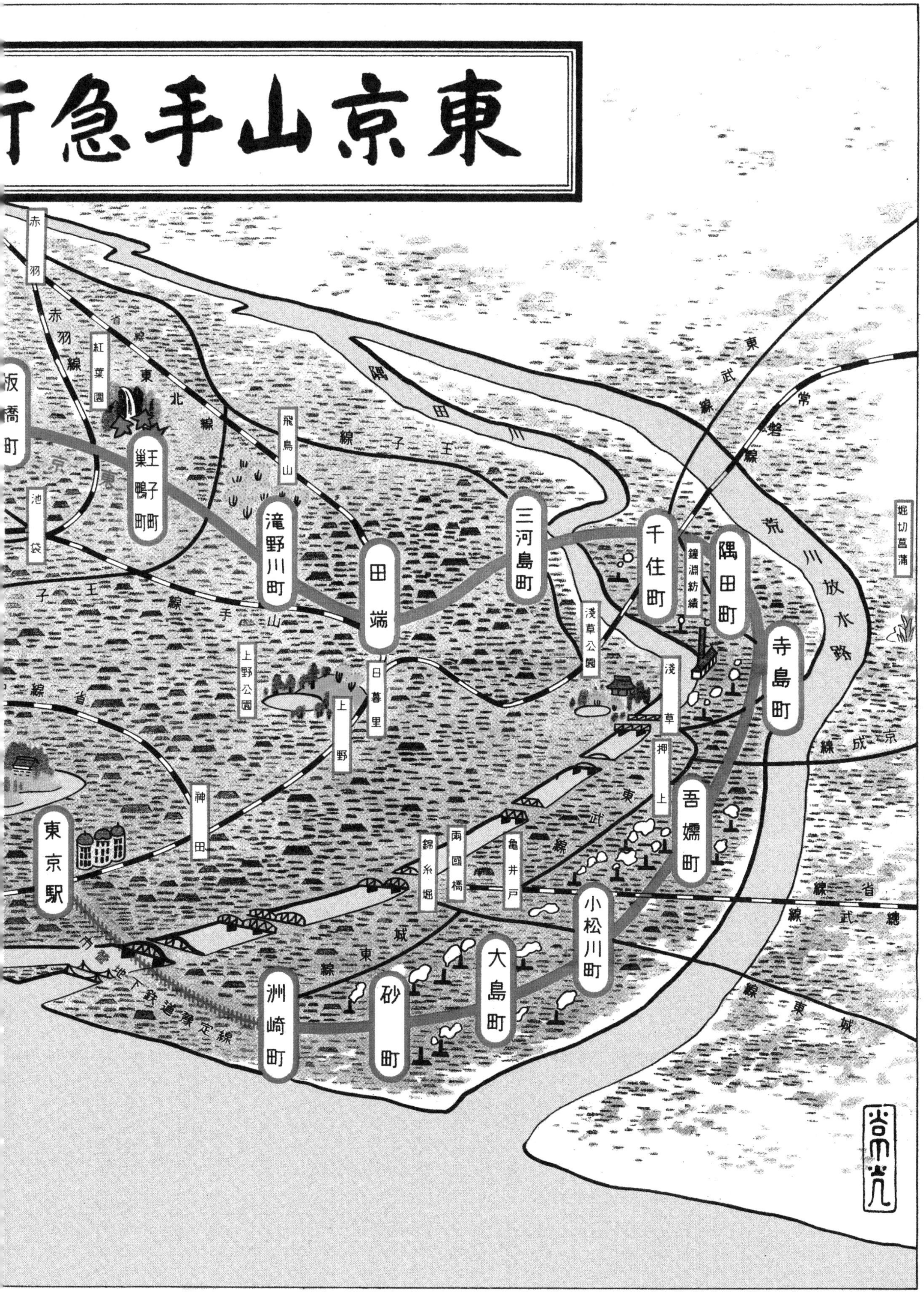
東京山手急行
赤羽
板橋町
巣鴨町
王子町
滝野川町
田端
三河島町
千住町
隅田町
寺島町
吾嬬町
小松川町
大島町
砂町
洲崎町
東京驛
荒川放水路
市營地下鉄道豫定線

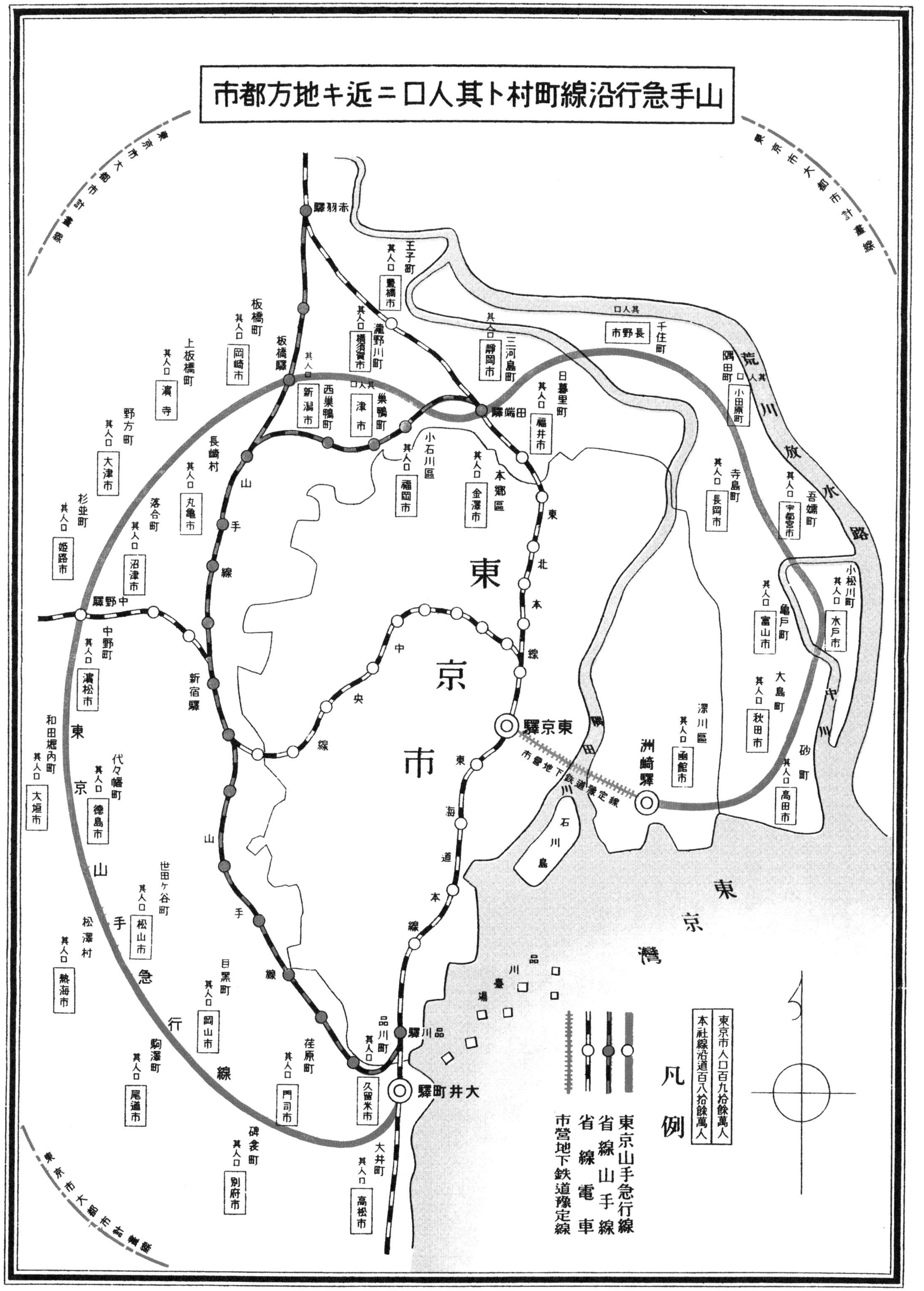
山手急行沿線町村ト其人口＝近キ地方都市
東京市
東京灣
東京市大都市計畫線
東京市人口百九拾餘萬人
本社線沿道百八拾餘萬人
凡例
東京山手急行線
省線山手線
省線電車
市營地下鉄道豫定線

九、山手急行は遊覽電車なり

山手急行沿道には、目黒不動、堀ノ内妙法寺、新井藥師及五色ノ不動等神社佛閣數十ケ所を算し、其の參詣客の乘車回數八百萬回以上に達す、其他墨堤の觀櫻、荒川遊園、堀切の菖蒲、各所のプール及グラウンド並に目黒競馬の觀覽客等の乘車回數凡そ壹千貳百萬回に上る。

十、山手急行は花柳電車なり

山手急行沿道には洲崎、玉ノ井、神明、千住及板橋等花柳街無慮拾五箇所の多數に上り其の遊客の乘車回數壹千參百餘万回に達す。

十一、山手急行は水陸聯絡電車なり

山手急行線は隅田川を横斷する唯一の高速電車なり、故に其横斷の個所に水陸聯絡の施設をなし、水運に依る木材、薪炭、魚類等の貨物其他生活必需品を直ちに電車に移し、低廉なる賃金を以て沿道各地に配給するが故に郊外の物價を引下げ、其發展を促進するに至らむ、此意味に於て山手急行は社會政策的電車なり。

十二、山手急行は開業初年度より高率の配當可能なり

一般郊外電鐵は開業當初沿道未開發の數年間は利益率頗る不良なるを通則とすれども、最近開業せし東京地下鐵道は其地上に竝行して東京市電及び乘合自動車等の競爭あるにも拘らず、開業當初より一躍して先進電鐵を凌ぐの盛況にあるは其環境の優良なるに起因す、飜つて本電鐵を見るに其沿道の大部分は既に開發せられて市街地を形成し、恰も地下鐵道の環境に髣髴たるが故に、開業初年度より高率配當可能なりと信ず。

環境優良なる結果として自然鐵道用地の價格高き爲め建設費は他の郊外電鐵に比して過大なるべしとの非難を耳にするも、是れ思はざるの甚しきものにして、建設費一哩五六拾萬圓に過ぎざる各電鐵が當初の業績頗る不良なるに反し、一哩四百萬圓の多額を費したる地下鐵道が却つて開業早々優良なる成績を示しつゝあるは以て他山の石とするに足る、是れ蓋し建設費に於て數倍を必要とする線路は、乘客數に於ては遞加して數拾倍となるが故に外ならず、又塹壕式に依る建設費の增加は踏切の經常費を節約し得る點に於て寧ろ有利なりと信ず。

起業目論見書

第一、目的

電氣鐵道ヲ敷設シ旅客貨物ノ運輸並ニ土地建物日用品市場及遊園地ノ經營並ニ之ニ關聯スル業務ヲ營ムヲ目的トス

第二、鐵道ノ名稱及主ナル事務所ノ設置地

東京山手急行電鐵株式會社ト稱シ本店ヲ東京府下ニ置ク

第三、事業資金ノ總額及其出資方法

事業資金ノ總額ハ金參千四百万圓トシ出資方法ハ五拾圓拂込株式六拾八萬株ヲ以テ充ツ

第四、線路ノ起點及終點

大井町ヲ起點トシ東京市ノ近郊ヲ一周シテ洲崎ニ達ス此延長二十六哩半ナリ

第五、軌間

軌間ハ三呎六吋ノ複線式トス

第六、動力

動力ハ電氣トシ電壓千五百「ボルト」トス

第七、利息配當

第一回株金拂込期日ノ翌日ヨリ營業開始ニ至ル迄年五分ノ利息ヲ配當ス

建設費豫算

一金參千四百萬圓也　建設費總額

内譯

測量及監督費	二八〇、〇〇〇、〇〇〇圓
用地費	九、一七八、六七〇、〇〇〇
土工費	一〇、三八一、六九五、〇〇〇
橋梁費	二、五四一、九五〇、〇〇〇
隧道費	一、三七八、四〇〇、〇〇〇
軌道費	二、〇五九、〇〇〇、〇〇〇
停車場費	八〇八、五〇〇、〇〇〇
車輛費	二、五三〇、〇〇〇、〇〇〇
諸建物費	二〇四、〇〇〇、〇〇〇
通信線路費	一六八、〇〇〇、〇〇〇
電力線路費	七〇〇、〇〇〇、〇〇〇
變電所費	七〇〇、〇〇〇、〇〇〇
創立費	二〇〇、〇〇〇、〇〇〇
總係費	八〇〇、〇〇〇、〇〇〇
豫備費（建設中ノ利息配當ヲ含ム）	二、〇六九、七八五、〇〇〇

收支概算書

（甲）初年度收支概算

收入之部

一金七百八拾七萬八千八百八拾貳圓四拾錢也　壹ケ年間乘客收入

但シ

一、初年度ニハ貨物ヲ取扱ハザル見込ナルガ故ニ貨車收入ヲ計上セズ。

一、市場經營、土地經營其他ノ兼業收入ハ相當多額ニ上ルベキモ初年度ニハ計上セズ。

の收支概算

省線山手線ノ拾五年度ニ於ケル乘客延人哩三九七、一一五、六六七、ヲ拾年度ノ一八三、三七六、四九八人哩ニ對比スルトキハ二一三、七三九、一六九人哩ノ增加ニシテ、其增加率ハ五箇年間ニ拾壹割六五六ナリ、即チ平均毎年貳割參分參厘ヲ增加セル割合ナリ、此基本率ニヨリ本電鐵ノ累年ノ收入ヲ算出シ、又支出金ニアリテハ初年度ノ二割宛毎年增加スルモノトシテ利益率ヲ計算スレバ左表ノ如シ、

	全線開通後ノ初年度	同上第二年度	同上第三年度	同上第四年度	同上第五年度	同上第六年度
旅客收入	七、八七八、八八二円	九、七一四、六六一円	一一、五五〇、四四一円	一三、三八六、三一一円	一五、一三三、〇〇〇円	一七、〇五七、七八〇円
支出金	三、三三二、四〇〇	三、九九八、八八〇	四、六六五、三六〇	五、三三一、八四〇	五、九九八、三二〇	六、六六四、八〇〇
純益金	四、五四六、四八二	五、七一五、七八一	六、八八五、〇八一	八、〇五四、三八一	九、一三三、六八〇	一〇、三九二、九八〇
利益率	一割三分三厘強	一割六分八厘強	二割〇二厘強	二割三分六厘強	二割七分一厘強	三割〇五厘強

東京山手急行電鐵株式會社定欵

第一章　總則

第一條　本會社ハ東京山手急行電鐵株式會社ト稱シ本店ヲ東京府下ニ置ク

第二條　本會社ノ目的ハ電氣鐵道ヲ敷設シ一般運輸業ヲ營ムモノトス尙附帶事業トシテ左記各項ノ業務ヲ兼營スルモノトス

一、電燈、電力ノ供給並ニ之ニ關聯スル事業ノ經營

二、土地、建物、日用品市場及遊園地ノ經營並ニ之ニ關聯スル事業

三、前項ノ目的ヲ達スル爲メ必要ナル事業ニ投資スル事業並ニ他ト共同シテ之ガ經營ヲナス事

四、公債、社債其他有價證券ノ所有並ニ處分

第三條　本會社ノ資本金總額ハ金參千四百萬圓トス

第四條　本會社ノ公告ハ所轄裁判所ノ公告ヲ揭載スル新聞紙ヲ以テ之ヲ爲ス

第二章　株式

第五條　本會社ノ株式ハ六拾八萬株トシ一株ノ金額ヲ金五拾圓トス

第六條　本會社ノ株式ハ記名式トシ壹株券、拾株券、五拾株券及百株券ノ四種トス

第七條　株式ノ讓渡ニ因ル株券名義ノ書換ヲ請求スル者ハ本會社所定ノ書式ニ依リ双方連署ノ書面ニ其株券ヲ添ヘテ差出スベシ

相續、遺贈又ハ法律上ノ手續ニ因ル株式取得ノ名義書換ヲ請求スル者ハ本會社所定ノ書式ニ由リ且ツ取得ヲ證スベキ書面ニ其株券ヲ添ヘテ差出スベシ

本條ノ場合ニ於ケル名義書換手數料ハ株券一枚ニ付金拾錢トス

第八條　株券ノ毀損又ハ分合ノ爲メ新株券ノ交付ヲ請求スル者ハ本會社所定ノ書式ニ依リ其株券ヲ添ヘテ差出スベシ株券ノ喪失ニ因リ又ハ毀損ノ程度甚シク本會社ノ株券タルコトヲ認メ難キ場合ニ於テ再發行ヲ請求スル者ハ其事由ヲ記載シ且ツ本會社ノ相當ト認ムル證人貳名以上ノ連署シタル請求書ヲ提出スルコトヲ要ス本會社ハ其ノ旨ヲ請求者ノ費用ヲ以テ三日以上公告シ尙三十日ヲ經テ他ヨリ故障ノ申出ナキトキハ新株券ヲ交付ス本條ニ於ケル再發行ノ手數料ハ株券一枚ニ付金參拾錢トス

第九條　株主ハ住所及ビ生年月日ヲ記載セル印鑑ヲ本會社ニ屆ケ置クコトヲ要ス氏名住所又ハ印鑑變更ノ場合ニ於テモ亦同シ

外國居住ノ株主ハ日本國内ニ代理人ヲ定メ本會社ニ屆置クベシ其變更アリタル時モ亦同ジ

第十條　毎決算期最終日ノ翌日ヨリ其期ノ定期總會ヲ終ル迄株式ノ名義書換ヲ停止ス臨時總會ノ場合ハ招集ノ日ヨリ其總會終了迄亦同ジ

第三章　株金拂込

第十一條　本會社第一回株金ノ拂込ハ一株ニ付金五圓トシ第二回以後ノ拂込時期方法金額等ハ取締役會ノ決議ヲ以テ之ヲ定ム

本會社ハ額面以上ノ價格ヲ以テ株式ヲ發行スルコトヲ得

第十二條　株金ノ拂込ヲ怠リタル株主ニハ其拂込期限ノ翌日ヨリ拂込當日迄金壹百圓ニ付一日金四錢ノ割合ノ遲延利息及ビ爲メニ生ジタル費用ヲ賠償セシム

第四章　役員

第十三條　本會社ニ左ノ役員ヲ置ク

一、取締役　八名以内

一、監査役　參名以内

取締役ハ互選ヲ以テ社長一名副社長一名及常務取締役若干名ヲ置ク

第十四條　社長及副社長ハ各自會社ヲ代表ス

第十五條　取締役及監査役ハ株主總會ニ於テ本會社株式五百株以上ヲ所有スル株主中ヨリ之ヲ選任ス

第十六條　役員ノ任期ハ取締役三箇年監査役二箇年トス、但シ任期中ノ最終ノ定時總會終結ニ至ルマデ其任期ヲ延長ス

第十七條　取締役ガ任期中監査役ニ供託スベキ株數ハ參百株トス

第十八條　取締役ハ取締役會ヲ開キ重要ナル社務ヲ議決ス

第十九條　取締役及監査役ノ報酬ハ一箇年金五万圓以内トシ各自受クベキ金額ハ取締役會ニ於テ之ヲ定ム

第二十條　役員中缺員ヲ生ジタル時ハ臨時株主總會ヲ開キ補缺選擧ヲ爲ス其補缺員ノ任期ハ前任者ノ殘任期トス但シ法定ノ員數ヲ缺カザルトキハ次ノ改選期マデ補缺選擧ヲ延期スルコトヲ得

第五章　株主總會

第二十一條　株主總會ハ定時總會及臨時總會ノ二種トシ定時總會ハ毎年六月及ビ十二月ニ之ヲ招集ス

第二十二條　株主總會ノ議事ハ出席シタル株主ノ議決權ノ過半數ヲ以テ之ヲ決ス可否同數ナルトキハ議長之ヲ決ス此場合ニ於テモ議長ハ自巳ノ議決權ノ行使ヲ妨ゲズ

第二十三條　株主總會ノ議長ハ社長之ニ任ズ社長事故アルトキハ副社長之ニ任ズ社長及ビ副社長共ニ事故アルトキハ他ノ取締役之ヲ代理ス

第二十四條　株主ハ代理人ヲ以テ其議決權ヲ行使スルコトヲ得ベシト雖モ本會社ノ株主ニ非ザル者ヲ以テ代理人トナスコトヲ得ズ

第二十五條　株主總會ノ議事ハ其要領ヲ記錄シ議長及ビ出席株主二名以上之ニ連署シテ會社ニ保存スベシ

第六章　計算

第二十六條　本會社ノ計算ハ一箇年ヲ二期ニ分チ十二月ヨリ翌五月迄ヲ上期トシ六月ヨリ十一月迄ヲ下期トス

第二十七條　毎決算期間ニ生ジタル總收入金ヨリ總支出金ヲ控除シタル殘額ヲ純益金トシ之ニ前期繰越金ヲ加算シ左ノ順序ニヨリ之ヲ處分ス但シ法定積立金ヲ除ク全部又ハ其幾分ヲ次期ニ繰越シ又ハ別途積立金ト爲スコトヲ得

一、法定積立金　純益金ノ百分ノ五

二、役員賞與金　純益金ノ百分ノ拾以下

三、株主配當金

第二十八條　株主配當金ハ各計算期末日現在ノ株主ニ之ヲ配當ス但シ配當金拂渡通知後滿參箇年以上其請求ヲ爲サヾルトキハ之ヲ會社ノ取得ト爲スコトヲ得

附則

第二十九條　本會社ハ第一回株金拂込期日ノ翌日ヨリ開業ノ日迄拂込株金ニ對シ年五分ノ利息ヲ株主ニ配當ス

第三十條　本會社ノ負擔ニ歸スベキ設立費用ハ金貳拾万圓以内トス

第三十一條　發起人ノ住所氏名左ノ如シ（省畧）

印刷・製本　石井図書製作

趣意書

近年東京市の近郊急激に發展したる結果、省線山手線の乗客激増し、朝夕の如きは其雑沓寧ろ凄慘にして、何人も第二山手線の出現急務なるを痛感せざるものなかるべし、本電鐵は主として其使命を果さんが爲めに計畫せられたるものなり、加ふるに江東方面は縦の電鐵の少數を有するのみにして、山手線に相當する横の連絡線無きに悩めるを以て其の溢るゝが如き乗客の流れも亦本電鐵に殺到すべきや必然なり。

今や東京市の人口百九拾九萬餘に過ぎざるに、接續五郡の人口は無慮貳百拾壹萬餘に達し、而も逐年激増の趨勢を示しつゝあり、本電鐵沿道の人口のみにても優に百八拾餘萬を算す、其間無數の工場あり、學校あり、聯隊あり、花柳街あり、名勝あり、競技場あり、水陸の連絡地點あり、加ふるに本電鐵と交叉連絡する培養線實に參拾壹線の多きに上る、思ふに郊外電鐵中其環境の斯くの如く雄大なるは蓋し空前の事にして、開業後既に拾餘年を經たる優良線と雖も、尚且つ之に及ぶもの少なかるべし、従つて本電鐵は過去の記錄を破り、開業早々より空前なる業績を擧げ得べしと信ず。今般本鐵道敷設の免許を得たるを以て、玆に其計畫を發表し大方諸彦の御賛同を乞ふ次第なり。

山手急行線の特色

一、山手急行は日本唯一の電鐵なり

我國電鐵開始以來山手線と同型にして同一使命を有する高速電車は省線山手線以外には未だ曾て一つだもあることなく、亦後段記載の如く沿線に於ける人口、工場、學校、聯隊、及花柳街等の夥多なる点に於ても亦他に比類なく全く空前の優秀線にして、私設電鐵としては日本唯一のものと稱することを得べし。

二、山手急行と同型なる省線山手線の乗客數は日本第一なり

全國各私設電鐵中最も利益多き線路と雖も、其一日一哩の乗客密度は僅に貳萬人哩内外を出でざるに省線山手線は其參倍以上にして、無慮六萬六千餘人哩に達せり、斯の如く乗客の密集せる山手線と同型にして且つ近接竝行し、而も高速力を有する最新式山手急行線の業績は蓋し想像に餘りありと謂ふべし。

三、山手急行は都市の串刺電車なり

山手急行線は圖面に示す如く恰も全國著名の大都市を短距離に集めて之を串刺せるに等し、其間工業地帶あり、商業區域あり、住宅地あり、沿道人口無慮百八拾餘萬人に達す　現在斯の如き多數の人口を勢力圏内に有する郊外電鐵は他に之れ有るを聞かず、而も一度本線の開通を見んか、更に急激なる人口増加を來し、沿道は市街化し、山手急行線は變じて高速力路下式市内電車となるの期も遠からざるべし。

四、山手急行は踏切なしの電車なり

山手急行線は一部分は高架式とし、大部分は塹壕式とす、他の郊外電鐵が踏切を設置すべき道路には塹壕の上に橋梁を架するが故に、何等の危險もなく自由に高速力を發揮し、近郊より市内に入るに他の電車に依るよりも遙に短時間ならしむ、又將來沿道市街化して地價高騰せし場合には、塹壕の上を閉鎖して之を住宅敷地或は自動車道路等に使用することを得べし。塹壕土砂は之を沿道低濕地に利用して土地經營をなす見込なるが、之に依りて得べき利益も亦多大なりと信ず。

五、山手急行は既設未設の電鐵參拾壹線と交叉連絡す

山手急行線は市郡に於ける既設未設の電鐵無慮參拾壹線と交叉連絡す、斯の如きは眞に電鐵界空前の事なり、是等各線相互間の交通客は頗る多數なるにも拘らず、現今に於ては甚しく迂回するか然らざれば高き料金を支拂ひて自動車等に依る以外に、適當なる連絡機關を欠き交通頗る不便を極む然るに本線開通の上は其不便を除き且他の各電鐵と相互に培養し合ふこと恰も省線山手線の現狀の如くなるべきを以て、急激に郊外の發展を促し、他の同業者と共榮し、相互に業績隆々として刮目すべきものあるべし。本社は獨特なる塹壕式を採用するが故に、參拾壹線にも上る多數の他線を横斷し、之と連絡すること頗る容易なるの特色を有す。

六、山手急行は寶藏電車なり

郊外放射狀各電鐵を見るに、近郊に於ける收益は遠郊の拾倍にも達するものあり、故に若し近郊線のみを切離して之を經營せば、二割三割の配當可能なるべきも、收益乏しき遠郊線に災ひせられて配當率低下せるなり、然るに山手急行は各郊外電鐵の寶藏とも謂ふべき近郊のみを通過する寶藏電車なり。

七、山手急行は工場電車なり

山手急行沿道には鐘紡、東洋紡、富士紡、大日本製糖、東洋モスリン、東京毛織、富士製紙、日本皮革及び專賣局全工場等を初め大小百參拾餘工場あり、其出入者の乗車回數壹箇年數千萬回に達すべし。

八、山手急行は通學電車なり

山手急行沿道には駒澤大學、立教大學、明治藥專、高千穗高商、府立第七及第八中學等、中等學校程度以上の學校五拾餘校の多きに上り、其通學々生の乗車回數八百萬回以上に達す、加ふるに近衛輜重兵及野砲兵等五箇聯隊一箇大隊の軍隊並に陸軍所管の學校及製作所數箇所を有す。

發起人

一、預金利子其他ノ雑收入モ之レヲ省略ス。

乗客收入算出ノ標準

線路ノ形狀通過地域、他ノ各電鐵トノ連絡及ビ乗客ノ交通量等ニ於テ本線ニ極似セルモノハ、全國電鐵中唯僅ニ省線山手線アルノミナルガ故ニ、收支計算ノ標準ハ之ヲ山手線ノ業績ニ求ムルヲ妥當ナリト信ズ即チ山手線ハ

年度	沿線市町村ノ總人口	A 上記人口中線路ニ近接セル人口	B 乗車客數	人口一人當リ平均乗車回數（即チAニテBヲ除シタルモノ）	一人一回乗車哩程
十一年度	一、三九八、八八八人	五三〇、三三七人	六四、五五九、七二一人	一二二回	三、四哩
十四年度	一、五二四、〇四六	六一五、七六九	一一〇、七五三、三七四	一八〇	三、三

ナリ。

本線沿道市町村人口ハ拾四年度一、八二〇、五六七人ニシテ、其内最モ線路ニ近接セル人口ハ八七八、四一八人ナリ、此人口ハ本社開業初年度迄ニハ一層増加スベキモ今ハ之ヲ標準人口ト定メ、其人口一人當リノ乗車回數ハ前表ニ依レバ拾壹年度壹百貳拾貳回、拾四年度壹百八拾回ニシテ逐年増加シツヽアルガ故ニ、本社開業年度迄ニハ一層増加スベキモ、之ヲ内輪ニ見テ兩年度ノ平均乗車回數百五十一回ヲ採用スレバ本社線ノ一ヶ年總乗車回數一三二、六四一、一一八回トナル、其壹回ノ乗車哩程ハ拾四年度ノ三、三哩ヲ採用スレバ此延人哩四三七、七一五、六八九トナル、一人一哩ノ運賃ハ各私設鐵道多クハ皆最低二錢五厘ヲ標準トスレドモ、本會社ハ社會政策的見地ヨリ破格ノ低率ヲ採用シ、一哩一錢八厘トシテ計算スレバ一ヶ年收入頭書ノ金額トナル。

一哩一錢八厘トスレバ一人一回乗車哩程三、三哩ナルガ故ニ一人一回ノ乗車賃五錢九厘四毛ニ相當シ、東京市電ノ一人一回七錢均一、乗合自動車ノ一區七錢ヨリモ低率ナリ。

尚前記ノ沿道常住民ノ乗車以外他地方ヨリ出入スル左記多數ノ乗客收入アルベキモ玆ニハ之ヲ省略セリ。

一、目黒不動、堀ノ内妙法寺、新井藥師等ヘノ參詣客、洲崎、玉ノ井神明其他ヘノ遊客、墨堤ノ觀櫻、荒川遊園、堀切ノ菖蒲等四季ノ遊覧客

一、房總線方面、東北本線方面、信越線方面、中央線方面及東海道線方面等相互間ノ交通客

支出之部

一金參百參拾參萬貳千四百圓也　一ヶ年間總支出金

注意　本線ハ塹壕式並ニ高架式ヲ採用シテ踏切ヲ皆無ナラシメタル爲メ、踏切ノ費用ヲ要セザル上ニ、第三軌條式ニテ電線路費ヲ要スルコト少キ等ヨリ、普通鐵道ニ比シ收入ニ對スル支出ノ比率少キモノトス。

內譯

總係費	四四一、八八〇、〇〇
運輸費	九三四、六二〇、〇〇
動力費	八七〇、〇〇〇、〇〇
變電所費	三三、六〇〇、〇〇
車輛工場費	一九八、四八〇、〇〇
軌道費	一七五、一〇〇、〇〇
電線路費	四六、七二〇、〇〇
諸建物修理費	三二、〇〇〇、〇〇
諸税金	五〇〇、〇〇〇、〇〇
豫備費	一〇〇、〇〇〇、〇〇

差引金四百五拾四萬六千四百八拾貳圓四拾錢也　純益金

資本金參千四百萬圓ニ對比スルトキハ年壹割三分三厘七毛強ノ利益率トナル、此利益率ハ乗車賃ヲ一哩當リ一錢八厘即チ一乗リ六錢均一ニ相當スル破格ノ低率ニテ計算セルモノニシテ、若シ他會社ノ例ニ習ヒ一哩貳錢五厘以上トセバ利益率年貳割五分以上ニ達スベシ。

尚低利ノ社債ヲ運用スルヲ得バ利益率ハ一層増加スベシ。

（乙）全線開通後に於ける五ケ年間